GARFIELD

Jamais sans Odie

PAR JIM DAVIS

JIM DAVIS

GARFIELD

Jamais sans Odie

TRADUIT DE L'AMÉRICAIN PAR
JEAN-ROBERT SAUCYER

Version française:
Presses Aventure, une division de
Les Publications Modus Vivendi Inc.
C.P. 213, Dépôt Sainte-Dorothée
Laval (Québec)
Canada
H7X 2T4

Dépôt légal: 1ier trimestre 1997
Bibliothèque nationale du Québec
Bibliothèque nationale du Canada
Bibliothèque nationale de Paris

ISBN: 2-922148-10-6

La Ménagerie d'enfer

COMMENT CHOISIR UN ANIMAL DE COMPAGNIE, SELON L'EXPERT GARFIELD

LAPIN : ACHETEZ-EN DEUX EN CHOCOLAT ET PRIEZ POUR QU'ILS SE REPRODUISENT!

HAMSTER : LE GROS COUSIN STUPIDE DE LA SOURIS.

POISSONS ROUGES : PROPRES, CALMES, PAS BESOIN DE LES SORTIR ET FONT D'EXCELLENTS HORS-D'ŒUVRE!

SOURIS : SI, ELLES SONT MIGNONNES, MAIS ELLES NE VOUS AIMENT QUE POUR VOTRE FROMAGE!

BOA CONSTRICTEUR : RIEN N'ÉGALE UN ANIMAL QUI VOUS SERRE BIEN FORT CONTRE LUI, PUIS QUI VOUS AVALE!

CHIEN : FIDÈLE, LOYAL, OBÉISSANT, AVEC UNE HALEINE QUI ASSOMMERAIT UN YACK.

CHAT : L'ACCOMPLISSEMENT LE PLUS RÉUSSI DE LA NATURE. QUE DIRE D'AUTRE?

GARFIELD
HENRI VIII ET MOI AVONS UNE CHOSE EN COMMUN... LE TOUR DE TAILLE!
GARFIELD
FLOC
2-26
JIM DAVIS
© 1989 United Feature Syndicate, Inc.
TCHOUF
TCHOUF
RÔTIES À LA VENTOUSE!
MIAM! MIAM!

Y A-T-IL QUELQU'UN QUI VIENNE DE LA CAMPAGNE?
© 1989 United Feature Syndicate, Inc.
Y A-T-IL QUELQU'UN QUI VIENNE DE LA VILLE?
2-27
JIM DAVIS
Y A-T-IL QUELQU'UN?

J'AI CROISÉ UN CHIEN QUI N'AVAIT RIEN MANGÉ DEPUIS TROIS JOURS, ALORS...
JE ME SUIS OFFERT EN PÂTURE!
JIM DAVIS
2-28
© 1989 United Feature Syndicate, Inc.
DONNONS À LA FOULE CE QU'ELLE RÉCLAME!
WOUF!
OUAH!
YÉ!
WOUF!
WOUF
WOUF!
OUAH
YÉ!

FLIP FLAP
FLIP FLAP
FLIP FLAP
FLIP FLAP
FLIP FLAP
QU'OBTIENT-ON EN CROISANT UN CHIEN ET UN GORILLE GÉANT?
3-1
JIM DAVIS
UN GORILLE QUI S'ABREUVE À VOLONTÉ DANS LES CUVETTES!

VOICI MAINTENANT UN GRAND NUMÉRO DE MUSIC-HALL
UNE PROUESSE DE VENTRILOQUIE
JIM DAVIS
3-2
METTANT EN VEDETTE MON ASSISTANT SURQUALIFIÉ!

DIS BONJOUR À LA FOULE, PANTIN!
BONJOUR À LA FOULE, PANTIN!
3-3
JIM DAVIS
© 1989 United Feature Syndicate, Inc.
VOYEZ! JE NE REMUE PAS LES LÈVRES!

GLOU GLOU GLOU
TICO TICO PAR CI, TICO TICO PAR LÀ
3-4
JIM DAVIS
© 1989 United Feature Syndicate, Inc.

GARFIELD
PAREILLE AFFECTION NE S'ACHÈTE PAS
GARFIELD
GARFIELD, À TABLE!
GARFIELD
CRICRI CRICRI CRICRI
GARFIELD
CRICRI CRICRI
GARFIELD
CRICRI CRICRI CRICRI
PROUF!
© 1989 United Feature Syndicate, Inc.
SOIS GENTIL, METS LA TABLE AU NIVEAU, VEUX-TU?
JPM DAVPS 3-5

JE SUIS LAS DE TOUT, GARFIELD
3-6
© 1989 United Feature Syndicate, Inc.
JE N'AI PLUS ENVIE DE VIVRE MA VIE J'AI LE BLUES DE TOI MA CHÉRIE DISPARUE
PARFOIS JE LAISSE LA VAPEUR S'ÉCHAPPER
J'ESTIME QU'IL N'EST PLUS OPÉRABLE
JIM DAVIS

LE SOL EST GLACÉ
JIM DAVIS
HÉ! OÙ EST L'AUTRE PANTOUFLE?
3-7
© 1989 United Feature Syndicate, Inc.
HOP
HOP

QUE DIRAIS-TU D'UNE RANDONNÉE?
SUPER!
PAS SUR MON DOS! EN AUTO!
CASSE-PIEDS!
© 1989 United Feature Syndicate, Inc.
JIM DAVIS
3-8

CE METS A UN GOÛT BIZARRE, IRMA
HO! JE ME SUIS TROMPÉE
FIDO, ICI!
JE VAIS SAUTER LE DESSERT
© 1989 United Feature Syndicate, Inc.
JIM DAVIS 3-9

JE SUIS FIN PRÊT POUR ELLE, GARFIELD
QUE DIABLE...?
JIM DAVIS 3-10
VOILÀ OÙ J'AVAIS CACHÉ LA TARTE À LA CRÈME!

JIM DAVIS
3-11
CUI-CUI
JE M'ÉTAIS TOUJOURS DEMANDÉ CE QU'ILS ENTENDAIENT PAR "CUI-CUI"

GARFIELD
JON, TON ESCORTE EST ARRIVÉE
GARFIELD, LE DÎNER EST SERVI!
VOICI POUR TOI, VIEUX...
GARFIELD
AAAAAAIIEEEEE
© 1989 United Feature Syndicate, Inc.
HOOOOOOOAAAAHHH
3-12
HHAAA
AAHH
BONG
LE SERVICE EST MOYEN, LA BOUFFE CORRECTE, MAIS LE NUMÉRO D'ACROBATIE EST GÉNIAL
JIM DAVIS

PLOUP
JIM DAVIS 3-13
CLIC
AÏEEEE

3-14
WHAM!
JIM DAVIS

ADIEU ARAIGNÉE!
CHNOUK
GARFIELD
JIM DAVIS
3-15

JIM DAVIS
3-16

PSCHIII
© 1989 United Feature Syndicate, Inc.
JIM DAVIS
3-17

© 1989 United Feature Syndicate, Inc.
WHAM!
JIM DAVIS 3-18

GARFIELD
J'EN AI ASSEZ DES AGENCES DE RENCONTRES!
ODIE
ODIE
BOING
BOING
BOING
ODIE
© 1989 United Feature Syndicate, Inc.
ODIE
ODIE
PROUF!
3-19
ODIE
JIM DAVIS

PARFOIS, J'AIME REGARDER DÉFILER L'EXISTENCE
PARFOIS, L'EXISTENCE ME LAISSE SONGEUR!
JIM DAVIS 3-20

Z
C'EST L'HEURE DE TE LEVER, GARFIELD
EUF
Z
JIM DAVIS
3-21

3-22 JIM DAVIS
HÉ! MINUTE PAPILLON!
© 1989 United Feature Syndicate, Inc.

GARFIELD, QUE T'ARRIVE-T-IL?
JIM DAVIS
3-23
J'AI BÂILLÉ ET MA MÂCHOIRE S'EST COINCÉE
© 1989 United Feature Syndicate, Inc.
QUE PUIS-JE FAIRE?
PRENDS CECI ET CHASSE LES MOUCHES

BELLE SOIRÉE, HEIN GARFIELD?
3-24
TANTE ORPHA FAISAIT DE LONGUES PROMENADES LE SOIR TOMBÉ
TRÈS BIEN
© 1989 United Feature Syndicate, Inc.
JUSQU'À CE QU'UNE CHAUVE-SOURIS S'AC-CROCHE À SES CHEVEAUX
RENTRONS, À PRÉSENT!
JIM DAVIS

HÉ! SOURIS!
TOC TOC
JIM DAVIS 3-25
LOIN DE MOI L'IDÉE DE ME PLAINDRE, MAIS QUE CHERCHES-TU?
© 1989 United Feature Syndicate, Inc.
QUE J'AIE L'AIR MINABLE?

GARFIELD
JE VEUX QUE MES COPAINS VOIENT COMBIEN TU ES MIGNONNE
HUM...
BÉLING
© 1989 United Feature Syndicate, Inc.
BÉLANG
HÉ ODIE!
3-26
WHAM
FLAP!
JPM DAVPS

BONJOUR GARFIELD!
IL SURPASSE NÉRON EN CRUAUTÉ!
JIM DAVIS
3-27

TCHAC!
HEUREUSEMENT, LA POMME EST INTACTE!
JIM DAVIS
3-28

SAVEZ-VOUS D'OÙ VIENT LE DANGER? DE CES PETITES BALLES À GRELOT
JIM DAVIS
3-29
OH! NON!
DING
DING
BOOM!

PUISQUE JE SUIS AU SOL, AUTANT ESSAYER DE M'ASSEOIR
J'AVAIS OUBLIÉ!... LA LOI DU MOINDRE EFFORT
JIM DAVIS
3-30

ODIE!
JIM DAVIS 3-31
GARFIELD! RANGE CES CYMBALES!
IMPOSSIBLE DE S'AMUSER

FAISONS UNE RAZZIA DANS LE FRIGO
JIM DAVIS 4-1
BANZAÏ!
JE N'EMPORTE PAS DE PRISONNIER

GARFIELD
TON DINO A BOUFFÉ MA BAGNOLE
4-2 JIM DAVIS
J'IGNORE QUELLE MOUCHE A PIQUÉ MON CHAT. JE SUIS NAVRÉ
VOUS EN FAITES PAS! ELLE N'A PAS PRIS TANT D'EXERCICE DEPUIS DES LUSTRES
© 1989 United Feature Syndicate, Inc

TIENS! UN PETIT TROU DE SOURIS... PAS D'INSOMNIE EN VUE!
© 1989 United Feature Syndicate, Inc
JE DORS DÉJÀ MOINS BIEN!
JIM DAVIS
4-3

JIM DAVIS 4-4
TOUCHÉ!
© 1989 United Feature Syndicate, Inc.
C'EST TOI LE CHAT!

PSCCHITT
JIM DAVIS
4-5

TCHOUF
TCHOUF
TCHOUF
SAPRISTI! ME SUIS-JE LAISSÉ AVOIR!
JIM DAVIS
4-6

OH! OH!
4-7
JIM DAVIS
JON NE SERA PAS TRÈS HEUREUX
ELLE ONT FORMÉ UNE COPROPRIÉTÉ
© 1989 United Feature Syndicate, Inc.

© 1989 United Feature Syndicate, Inc.
TCHOUF TCHOUF TCHOUF
VIVE LES SOURIS
JIM DAVIS
4-8

Garfield
RENDS-MOI MON SANDWICH SANS QUE J'USE DE FORCE
TIENS DONC! TOI ET TON ARMÉE? OH! OH...
PLAÎT-IL?
SLURP SLURP SLURP
JE NE DORMIRAI JAMAIS AVEC CETTE ANDOUILLE DANS LA MAISON
HÉ ODIE! LES OS SONT EN SOLDE À LA BOUCHERIE
VLAN
© 1989 United Feature Syndicate, Inc.
AAAÏÏÏÏÏÏEEEE!
JIM DAVIS 4-9

JIM DAVIS
GARFIELD!
C'EST ÇA! TROUVE ENCORE À REDIRE!
4-10

GARFIELD, COMMENT RÉAGIRAIS-TU SI J'ACHETAIS UN CANARI?
4-11
ZIP!
JIM DAVIS
TU ES REPOUSSANT

BISCUITS
JIM DAVIS
4-12
IDIOT
BISCUITS

4-13
JIM DAVIS

CHOSE TERRIBLE QUE L'INSOMNIE
© 1989 United Feature Syndicate, Inc.
JE SUIS LÀ, ALLONGÉ, ÉVEILLÉ...
EN PLEIN APRÈS-MIDI!
DEBOUT!
JIM DAVIS
4-14

HUM...
JIM DAVIS
FLAP FLAP FLAP FLAP FLAP FLAP
4-15
© 1989 United Feature Syndicate, Inc.
GARFIELD! QUE SE PASSE-T-IL?
DEPUIS QUAND LA CHOUCROUTE EST-ELLE AU FRIGO?

GARFIELD
IL FAUDRAIT SONGER À SUP-PRIMER LA CAPE DU COSTUME DE SUPERCHAT
BISCUITS
© 1989 United Feature Syndicate, Inc.
CRI-CRI
BISCUITS
DES BISCUITS AU SON!
BANG BING!
JIM DAVIS
4-16

HÉ! J'ALLAIS M'ASSEOIR DANS CE FAUTEUIL!
BARRE-TOI!
BARRE-TOI!
HÉ!
JIM DAVIS
4-17

NOUS FAISONS COMME SI NOUS BOUFFIONS NOS CHEVEUX!
NOUS FAISONS UNE SOIRÉE SPAGHETTIS
EN PLUS D'ÊTRE MORTELLEMENT ENNUYEUX, NOUS SOMMES CINGLÉS
JIM DAVIS
4-18

VOICI L'ONCLE ZINZIN
JIM DAVIS
IL ADORAIT RENIFLER LES GAUFRIERS
© 1989 United Feature Syndicate, Inc.
LES HEURES GAIES QUE NOUS AVONS PASSÉES À JOUER AU MORPION SUR SON VISAGE!
4-19

PROFITONS DE CE QUE GARFIELD NE SOIT PAS LÀ. JE N'AURAI PAS À LUI VERSER DU LAIT
© 1989 United Feature Syndicate, Inc.
JIM DAVIS
4-20

LA FILLE ÉTAIT FAVORABLE-MENT IMPRESSIONNÉE
JIM DAVIS 4-21
PAR MA CLASSE ET MON RAFFINEMENT
PUIS JE ME SUIS APERÇU QUE J'AVAIS ENFILÉ MON SLIP PAR-DESSUS MON PANTALON
BOF!
© 1989 United Feature Syndicate, Inc.

CHIC! TU AS PRÉPARÉ MON PETIT-DÉJEUNER
JIM DAVIS
QU'EST-CE QUE C'EST?
VOICI UN INDICE...
MMMM...
QU'EST-CE QUI A SIX PATTES ET QUI NE PEUT NAGER DANS LE JUS D'ORANGE?
4-22
© 1989 United Feature Syndicate, Inc.

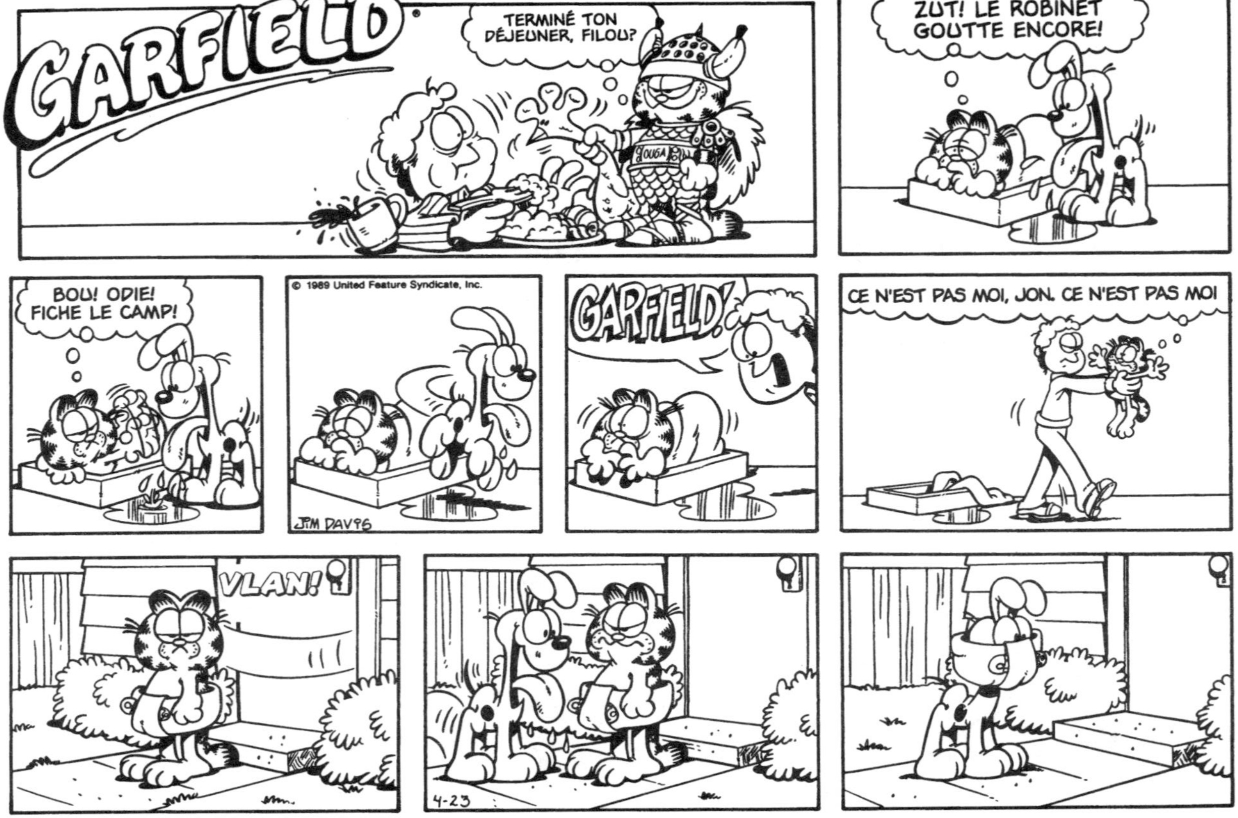
GARFIELD
TERMINÉ TON DÉJEUNER, FILOU?
OUGA BOUGA
ZUT! LE ROBINET GOUTTE ENCORE!
BOU! ODIE! FICHE LE CAMP!
© 1989 United Feature Syndicate, Inc.
JIM DAVIS
GARFIELD!
CE N'EST PAS MOI, JON. CE N'EST PAS MOI
VLAN!
4-23

VOICI LE MEILLEUR RÉVEILLE-MATIN AU MONDE
DOTÉ D'AIGUILLES PHOSPHORESCENTES
ET D'UNE SONNERIE À RETARDEMENT DE TROIS JOURS!
JIM DAVIS
© 1989 United Feature Syndicate, Inc.
4-24

4-25
HÉ! JON
© 1989 United Feature Syndicate, Inc.
JE CROIS QU'ODIE VEUT ENTRER
JIM DAVIS

JIM DAVIS
© 1989 United Feature Syndicate, Inc.
PAUVRE ODIE! ENFERMÉ DEHORS AU FROID. JE NE SUPPORTE PAS DE LE VOIR AINSI. JE DOIS AGIR
TCHAC
4-26

JIM DAVIS 4-27
© 1989 United Feature Syndicate, Inc.
AU PROGRAMME CE SOIR, MOZART...
GUERRE ET PAIX

© 1989 United Feature Syndicate, Inc.

Garfield
MIAM
MIAM
MIAM
© 1989 United Feature Syndicate, Inc.
MIAM
MIAM
MIAM
JIM DAVIS
4-30
CHOUF
CHOUF
CHOUF
CHOUF
CHOUF
CHOUF

VOICI ARLÈNE QUI VIENT. ELLE EST FOLLE DE MOI
5-1
JIM DAVIS
© 1989 United Feature Syndicate, Inc.
PAS BESOIN DE RAMPER AINSI DEVANT MOI, ARLÈNE

VOICI ARLÈNE QUI VIENT. RENTRONS LE VENTRE ET BOMBONS LE TORSE
5-2
© 1989 United Feature Syndicate, Inc.
IDIOT, TU T'ES ENCORE TROMPÉ!
JIM DAVIS

ARLÈNE, MA JOLIE, GRIMPONS SUR LA CLÔTURE ET MIAULONS EN CHŒUR
JIM DAVIS
5-3
PRENDS UNE DOUCHE FROIDE, EMPOTÉ!
© 1989 United Feature Syndicate, Inc.
PSSCH!

VIENS ME REJOINDRE, ARLÈNE
5-4
JIM DAVIS
COMMENT VAIS-JE GRIMPER LÀ-HAUT?
© 1989 United Feature Syndicate, Inc.
PRENDS MA MAIN, MA JOLIE
C'EST MOI QUI DEVAIS TIRER!

ARLÈNE, TES LÈVRES SONT ROSÉES COMME DES CREVETTES...
JIM DAVIS
© 1989 United Feature Syndicate, Inc.
TON TEINT EST DÉLICAT COMME LES RIS DE VEAU...
TES YEUX SONT BRÛLANTS COMME UN SABAYON, TES CHEVEUX...
MINUTE ROMÉO! TU ME FAIS LA COUR OU TU PRÉPARES UN RÉVEILLON?
5-5

AVEZ-VOUS DES ANIMAUX, JON?
OUI. UN CHAT ET UN CHIEN
© 1989 United Feature Syndicate, Inc.
QUEL GENRE DE CHAT?
UN CHAT DOMESTIQUE TOUT ORDINAIRE
JIM DAVIS 5-6
J'AI NOYÉ LE RÉVEIL
D'ACCORD, J'AI MENTI!

Garfield
EUF
CRIC
CRIC
CRIC
CRIC
CRIC
CRIC
CRIC
CRIC
CRIC
CRIC
CRIC
CRIC
CRIC
CRIC
CRIC
CRIC
CRIC
CRIC
© 1989 United Feature Syndicate, Inc.
CRIC
CRIC
CRIC
CRIC
BBOïïïNG!
JIM DAVIS
5-7
PARFAIT!

Z
DRIIIING!
PLOUP!
JIM DAVIS
DRIIIING!
BONJOUR LUNDI!
GARFIELD
5-8
© 1989 United Feature Syndicate, Inc.

ME VOICI AU SOMMET! MAÎTRE DE L'HORIZON!
JIM DAVIS
NUL N'A L'AUDACE DE M'AFFRONTER, À MOINS D'ÊTRE IDIOT OU...
5-9
© 1989 United Feature Syndicate, Inc.

VOIS-TU NERMAL, L'EXISTENCE N'EST PAS QU'UNE CHOSE SIMPLE. CHACUN RÉCOLTE CE QU'IL A SEMÉ
5-10
© 1989 United Feature Syndicate, Inc.
VOILÀ QUI EST PLUTÔT SÉRIEUX! AS-TU UNE AUTRE QUESTION?
EST-IL DIFFICILE DE CAUSER QUAND ON A SIX MENTONS?
DÉTESTABLE MINETTE!
JIM DAVIS

HUE! ESPÈCE DE BOURRIQUE!
5-11
DROIT AU CORRAL, PONEY D'OPÉRETTE!
JIM DAVIS
© 1989 United Feature Syndicate, Inc.
SATANÉE PORTE À BATTANT!

VOICI LA LISTE DES CHOSES PRÉCÉDANT LE DODO
GARFIELD
JIM DAVIS
© 1989 United Feature Syndicate, Inc.
COUVERTURE?... SI! BOUFFE?... SI! OURSON?... SI! RÉVEIL?...
GARFIELD
HOUP-LÀ
GARFIELD
5-12

KLONG! KLONG! KLONG!
JIM DAVIS
5-13
KLONG! KLONG! KLONG! KLONG!
© 1989 United Feature Syndicate, Inc.
KLONG!

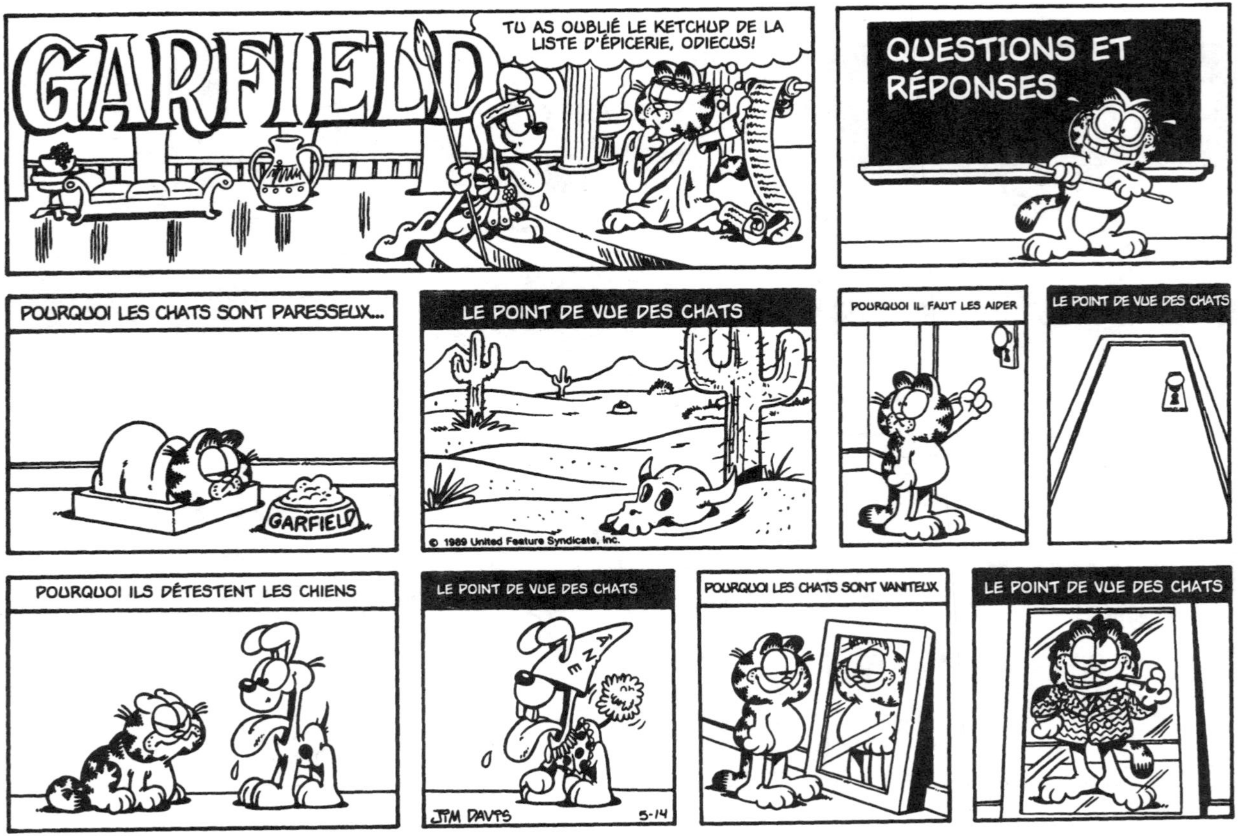
GARFIELD
TU AS OUBLIÉ LE KETCHUP DE LA LISTE D'ÉPICERIE, ODIECUS!
QUESTIONS ET RÉPONSES
POURQUOI LES CHATS SONT PARESSEUX...
GARFIELD
LE POINT DE VUE DES CHATS
© 1989 United Feature Syndicate, Inc.
POURQUOI IL FAUT LES AIDER
LE POINT DE VUE DES CHATS
POURQUOI ILS DÉTESTENT LES CHIENS
LE POINT DE VUE DES CHATS
ÂNE
JIM DAVIS
5-14
POURQUOI LES CHATS SONT VANITEUX
LE POINT DE VUE DES CHATS

IL FAUT MAIGRIR, GARFIELD
GARFIELD
5-15
© 1989 United Feature Syndicate, Inc.
MÊME TON VISAGE EST TROP ROND
GARFIE
QUI A LE VISAGE ROND?
GARFIELD
JIM DAVIS

HUM... DÉLICIEUSE COLLATION
JIM DAVIS
DES MIETTES!
5-16
© 1989 United Feature Syndicate, Inc.
IL EST AU RÉGIME
BLUP BLUP BLUP BLUP

IL EST NORMAL DE LÉCHER L'ÉCUELLE QUAND ON EST AU RÉGIME...
BLUP BLUP BLUP BLUP
GARFIELD
5-17
MAIS À EXAGÉRER, TU FINIRAS PAR PERCER UN TROU!
GARFIELD
JIM DAVIS
TU NE CROIS PAS SI BIEN DIRE!
GARFIELD

GLOU
JIM DAVIS
5-18
CIEL! JE FAIS CE RÉGIME DEPUIS TROP LONGTEMPS!
JE NE SAIS PLUS COMMENT AVALER!

LA DIÈTE TE DÉPRIME, GARFIELD?
J'AI LE MORAL PLUS BAS QUE LE VENTRE D'UN SER-PENT AU CREUX D'UN NID-DE-POULE
JIM DAVIS
5-19
© 1989 United Feature Syndicate, Inc.
J'AI AUTANT DE CHANCE DE SURVIVRE QU'UN BLAIREAU UNIJAMBISTE QUI TRAVERSE L'AUTOROUTE
POURTANT, BIENTÔT, TU SERAS PLUS MINCE QU'UN HARICOT DANS UN CARRÉ DE CITROUILLES
VOILÀ LA PIRE SOTTISE QUE J'AIE ENTENDUE!

ZZZZZZZ
5-20
JIM DAVIS
ZZZZZZZ
© 1989 United Feature Syndicate, Inc.
BEL EFFORT, GROS LARD!

GARFIELD
Z
CHIC! DES JUJUBES! J'ADORE LES JUJUBES!
© 1989 United Feature Syndicate, Inc.
JIM DAVIS
5-21
SLURP

GOÛTE CETTE NOUVELLE PÂTÉE À CHAT, GARFIELD
NON MERCI
GARFIELD
JIM DAVIS
5-22
© 1989 United Feature Syndicate, Inc.
ELLE CONTIENT DU BŒUF, DU FOIE, DU POULET...
PAS INTÉRESSÉ
GARFIELD
UN CUISSOT DE FACTEUR
TU NE PLAISANTERAIS PAS SUR UNE CHOSE PAREILLE, HEIN?
GARFIELD

BERK! LA BOUE S'ACCUMULE SOUS MES PATTES!
© 1989 United Feature Syndicate, Inc.
TOC
TOC
TOC
OUAH!
JIM DAVIS
5-23

DEBOUT, GARFIELD!
IL Y A TANT DE CHOSES À FAIRE DE PAR LE VASTE MONDE!
VRAI...
MAIS IL Y A UN BEAU GROS DODO À POURSUIVRE DANS CE PETIT LIT
© 1989 United Feature Syndicate, Inc.
JIM DAVIS
5-24

5-25
TAPE TAPE
© 1989 United Feature Syndicate, Inc.
JIM DAVIS

ODIE A LAISSÉ SON CERVEAU À LA SCIENCE
5-26
QUI S'EN EST EMPARÉE AVANT L'HEURE!
JIM DAVIS

Z
Z
JIM DAVIS
5-27

Garfield
LA NUIT ÉTAIT NOIRE DANS LES BAS-FONDS...
UNE AFFAIRE URGENTE DANS LES DOCKS, UN RENDEZ-VOUS AVEC LE DESTIN...
LES ENTREPÔTS
UNE ODEUR FÉTIDE S'ÉCHAPPAIT DE L'ENTREPÔT. JE SAVAIS CE QUE J'AVAIS À FAIRE...
IL FALLAIT OUVRIR CETTE PORTE...
COÛTE QUE COÛTE...
C'EST ALORS QUE JE L'APERÇUS...
HEU!
© 1989 United Feature Syndicate, Inc.
5-28
J'ÉTAIS À UN POIL DE MES DÉBUTS D'ACTEUR DRAMATIQUE
JIM DAVIS

JE SUIS ÉPUISÉ!
© 1989 United Feature Syndicate, Inc.
J'EN AI TROP FAIT
C'EST LA DERNIÈRE FOIS QUE JE TAPE TROIS ROUPILLONS D'AFFILÉE SANS FAIRE UNE PAUSE
JIM DAVIS
5-29

ALLÔ DEBBIE? MA JOLIE!
© 1989 United Feature Syndicate, Inc.
GROS TAS DE LARD! TU MÉRITES D'ÊTRE TONDU ET CONGELÉ SUR UNE BANQUISE!
5-30
ALLÔ?
CLIC
JIM DAVIS

CETTE CRAVATE EST-ELLE TROP LARGE, GARFIELD?
PAS DU TOUT
PAR CONTRE, TU DEVRAIS PRENDRE 150 KG
JIM DAVIS 5-31
© 1989 United Feature Syndicate, Inc.

IL FAUT CHOISIR LE BON APRÈS-RASAGE
QUI, DOUBLÉ DE MA PERSONNALITÉ, FERA TOMBER LES FEMMES
TU DEVRAIS ESSAYER LE CHLOROFORME!
JIM DAVIS 6-1
© 1989 United Feature Syndicate, Inc.

6-2
J'AI EMMENÉ LILI EN MONTAGNE
JIM DAVIS
NOUS AVONS BU À UN RUISSEAU CRISTALLIN
UNE SANGSUE M'A MORDU AU FRONT
LES CRIS ONT FUSÉ, J'IMAGINE

VAS-TU ENFIN TE LEVER AUJOURD'HUI, GARFIELD?!
JON, JON, JON...
TU NE COMPRENDS PAS. DORMIR EST UN ART...
AUSSI, NE VIENS PAS PERTURBER LE PROCESSUS CRÉATIF, D'ACCORD?
JIM DAVIS
6-3

GARFIELD
DRELIN DRELIN DRELIN
DRELIN DRELIN DRELIN
6-4
JIM DAVIS
OÙ DIABLE EST JON?
DRELIN DRELIN DRELIN
DRELINNN...
QUI DONC A FAIT UN NŒUD DANS LE FIL DU TÉLÉPHONE?
DRELIN
© 1989 United Feature Syndicate, Inc.

UNE CHOSE ME PLAÎT DANS LE FAIT D'HABITER ICI...
GARFIELD
PROUF!
JIM DAVIS
6-5
LE COURT TRAJET JOURNALIER

OUF!
BANZAÏ!
OUAH!
JIM DAVIS
6-6

GARFIELD
JIM DAVIS 6-7
© 1989 United Feature Syndicate, Inc.
POURQUOI AVOIR MIS DE LA BOUE DANS LA MACHINE À LAVER?
POURQUOI AVOIR MIS TES CHAUSSETTES SALES DANS MON PUDDING AU CHOCOLAT?

"BOING" "BOING" "BOING" "BOING"
© 1989 United Feature Syndicate, Inc.
JE ME DEMANDE OÙ IL A PRIS CES RESSORTS
OH!
JIM DAVIS 6-8

ZUT! LA TÉLÉ-COMMANDE NE FONCTIONNE PAS!
CLIC CLIC CLIC CLIC
LA TÉLÉ EST BRISÉE, GARFIELD
TIENS! LIS UN PEU POUR CHANGER
JIM DAVIS 6-9
ZUT! LES PAGES NE TOURNENT PAS
CLIC CLIC CLIC

DÉJEUNER, GARFIELD!
Z
GARFIE
POUF!
JIM DAVIS 6-10
IL EST IRRÉCUPÉRABLE
Z
GARFIELD

GARFIELD
CIEL! LE ODIE DE L'OPÉRA!
HUM...
UNE CABINE DE DOUCHE, UN BOUCHON, UNE PLANCHE À REPASSER
UN JET D'EAU
VLAN!
JPM DAVIS 6-11
♪
COWABUNGA
POURQUOI NE JOUES-TU PAS AVEC UN BRIN DE FICELLE COMME LES AUTRES CHATS?

LA VIEILLESSE EST UN NAUFRAGE, GARFIELD
© 1989 United Feature Syndicate, Inc.
TANT DE RÊVES QUI NE SE RÉALISERONT PAS...
JE NE JOUERAI PEUT-ÊTRE JAMAIS LA CORNEMUSE!
CHUT! TU ME FENDS LE CŒUR
JIM DAVIS 6-12

ÉCOUTE CECI, GARFIELD
JIM DAVIS 6-13
PLUS ON VIEILLIT, MOINS ON PEUT SE CONCENTRER LONGTEMPS
© 1989 United Feature Syndicate, Inc.
INTÉRESSANT, PAS VRAI?
QUOI DONC?

J'AURAI ONZE ANS LA SEMAINE PROCHAINE
GARFIELD
SERAI-JE PLUS VIEUX ET PLUS SAGE?
GARFIELD
© 1989 United Feature Syndicate, Inc.
6-14
PROBABLEMENT PLUS VIEUX!
GARFIELD
JIM DAVIS

HÉ! GARFIELD, OÙ ES-TU?
ACCULÉ AU MUR, JE SONGE À MON ANNIVERSAIRE ET JE COMPTE MES RIDES
6-15
LA SEULE CHOSE QUI ME RÉJOUIT, C'EST LA PERSPECTIVE DE LA FÊTE RÉUNISSANT TOUS MES AMIS
© 1989 United Feature Syndicate, Inc.
ET TU N'ES PAS INVITÉE!
JIM DAVIS

GLING
JIM DAVIS
GLING
GLING
GLING
GLING
GLING
GLING
6-16
TU CHERCHAIS TON CADEAU DANS LE GARDE-ROBE?
PLUS UN MOT!

HÉ! JON...
JIM DAVIS
6-17
J'AI DIT VOULOIR UNE "GROSSE" SURPRISE-PARTIE...
MAIS TU DÉPASSES LA MESURE!

Garfield
Z
J'AI PEINE À CROIRE QUE J'AURAI ONZE ANS DEMAIN
L'HEURE EST VENUE DE LEVER MES VIEUX OS
D'ABORD, LES ORTEILS
CRAC CRAC CRAC CRAC CRAC CRAC
PUIS, LES GENOUX, LES BRAS
CRAC CRAC CRAC CRAC
LES JOINTURES, ENFIN LE COU
CRAC CRAC CRAC CRAC CRAC
CRAC CRAC CRAC CRAC
CRAC!
UN ANNÉE DE PLUS, UN CRAQUEMENT DE PLUS!
© 1989 United Feature Syndicate, Inc.
JIM DAVIS
6-18

JE FAIS LE CHAT DONT C'EST L'ANNIVERSAIRE ET VOUS FAITES LE GÂTEAU.
BONNE FÊTE, GARFIELD
BONNE FÊTE, GARFIELD
BONNE FÊÊÊTE, BONNE FÊÊÊTE
BOONNE FÊÊTE, GAAARFIIELD!
PFFT!
JIM DAVIS 6-19

COMMENT DÉFINIR LA PARESSE?
C'EST FAIRE LA PAUSE-CAFÉ ENTRE DEUX ROUPILLONS
JIM DAVIS
6-20

L'ASSEMBLAGE D'UN MODÈLE RÉDUIT COMPORTE DEUX RÈGLES...
JIM DAVIS
6-21
NE JAMAIS METTRE DE COLLE SUR SES DOIGTS ET, LE CAS ÉCHÉANT...
NE PAS METTRE LE DOIGT DANS SON NEZ
IL ME FAUT ALLER À L'HÔPITAL

UN PROJECTEUR ÉCLAIRE L'AVANT-SCÈNE
JIM DAVIS 6-22
S'AMÈNE LA VEDETTE, LA FOULE EST EN LIESSE!
MERCI! MERCI!
POURQUOI ME PRÊTER À CELA?

MON BIFTECK!
JIM DAVIS
GARFIELD, TU N'ES QU'UN MÉCRÉANT!
JE SUIS OFFUSQUÉ
6-23
JE SUIS UN MÉCRÉANT ET UN GLOUTON
© 1989 United Feature Syndicate, Inc.

ENCORE UN AUTRE SAMEDI SOIR, GARFIELD
JIM DAVIS 6-24
JE VAIS M'ALLONGER AVEC UN BON LIVRE
© 1989 United Feature Syndicate, Inc.
ET UNE BOÎTE DE (SNIF) MOUCHOIRS
MESDAMES, TÉLÉPHONEZ!

GARFIELD ET ODIE
TU VIENS ENCORE DE METTRE LES PIEDS DANS LES PLATS!
C'EST L'HEURE DE LA COLLATION
BISCUITS
CROUCHE CROUCHE
BISCUITS
OUMP ERRRGH OUMP OUMP OUMP
© 1989 United Feature Syndicate, Inc.
CROUCHE CROUCHE CROUCHE
BISCUITS
OUMP ERRRGH OUMP OUMP OUMP
BISCUITS
OUF!
BISCUITS
BISCUITS
JIM DAVIS
6-25

HÉ! VOTRE CHAT A BU MON CAFÉ!
6-26
IL FAUT L'EXCUSER, MA CHÈRE. IL SE CROIT HUMAIN
VOUS AVEZ BEAUCOUP EN COMMUN, NON?
AÏE!
AÏE!
JIM DAVIS

LIZ, VOULEZ-VOUS SORTIR AVEC MOI?
AVEC PLAISIR! ALLONS-Y!
CLIC
JE NE ME SUIS PAS ENGAGÉE À RENTRER AVEC LUI!
JIM DAVIS 6-27

OÙ DONC M'EMMENEZ-VOUS, JON?
PATINER, MA CHÈRE
PATINER?!
OUI, MAIS DÎNONS D'ABORD, SI VOUS LE VOULEZ BIEN
HEUREUSEMENT, J'AI MIS MES PERLES!
TROIS HAMBURGERS AU FROMAGE ET UNE BARBE À PAPA
SERVICE À L'AUTO
JIM DAVIS 6-28
© 1989 United Feature Syndicate, Inc

LIZ SERA TRÈS IMPRESSIONNÉE, GARFIELD
JIM DAVIS 6-29
© 1989 United Feature Syndicate, Inc
REGARDE BIEN MON NUMÉRO DE PATINEUR ARTISTIQUE
MON HÉROS!

BONNE IDÉE, QUE DE PATINER ENSEMBLE, N'EST-CE PAS?
© 1989 United Feature Syndicate, Inc.
VOUS PATINEZ DEPUIS PEU, JON?
JIM DAVIS 6-30
POURQUOI DITES-VOUS CELA?

JE N'Y CROIS PAS! JE SUIS HONTEUX!
JE NE PEUX CROIRE QUE J'AI RATÉ L'OCCASION D'EMBRASSER LIZ
JIM DAVIS 7-1
© 1989 United Feature Syndicate, Inc.
J'AI EMBRASSÉ LA POIGNÉE DE PORTE!
TU ES CENSÉ L'EMBRASSER ET FERMER LES YEUX, PAS FERMER LES YEUX AVANT DE L'EMBRASSER, IDIOT!

GARFIELD
EN COURANT VERS ELLE J'AI MARCHÉ DANS LA BOUSE MAUDIT, MAUDIT BLUES!
TAP TAP TAP
SLURP!
© 1989 United Feature Syndicate, Inc.
JIM DAVIS 7-2
WHAM!

GARFIELD, RESTE-T-IL DU FROMAGE?
OUI, DU VERT ET DU MARRON
© 1989 United Feature Syndicate, Inc.
JE PROJETTE DE NETTOYER LE FRIGO
TU N'Y SONGES PAS! CES RESTES ONT UNE GRANDE IMPORTANCE HISTORIQUE
CETTE SAUCE BRUNE A SERVI À CAUTÉRISER LES PLAIES PENDANT LA GUERRE CIVILE
JIM DAVIS
7-3

TCHAC
JIM DAVIS
JE ME DEMANDE SI CE CLOU EST UTILE
© 1989 United Feature Syndicate, Inc.
7-4

VOUS PESEZ SIX KILOS
JIM DAVIS
VOUS NE PESEZ RIEN
© 1989 United Feature Syndicate, Inc.
COMBIEN PÈSES-TU GARFIELD?
OH... TROIS KILOS EN MOYENNE
7-5

WOUF! WOUF! WOUF!
WOUF! WOUF!
WOUF!
JIM DAVIS
© 1989 United Feature Syndicate, Inc.
HUM... WOUF WOUF WOUF
WOUF! GRRR WOF! WOF! WOUF! WOUF!
"TA MÈRE A DES PUCES" EN LANGAGE CHIEN
7-6

COMMENT DÉFINIR LA RÉUSSITE? EST-CE LA FORTUNE ET LA NOTORIÉTÉ? OU SIMPLEMENT L'ESTIME DE SOI? POUR MOI, IL S'AGIT D'AMÉLIORER LE SORT DES HUMAINS
JIM DAVIS 7-7
COMMENT DÉFINIS-TU LA RÉUSSITE, GARFIELD?
© 1989 United Feature Syndicate, Inc.
PARVENIR À BOUFFER VINGT PIZZAS SANS VOMIR
JE NE T'ENTENDS PAS, MAIS C'EST TOUT COMME!

HÉ! ODIE! NA, NA, NA, NAAAA, NAAAAA
7-8
© 1989 United Feature Syndicate, Inc.
SLURP!
VET
SUIVANT!
JIM DAVIS

Garfield
LA BALLERINE ENTRE EN SCÈNE SUR LES POINTES
© 1989 United Feature Syndicate, Inc.
7-9
LE GYMNASTE TERMINE UNE PIROUETTE COMBINÉE AVEC LE SAUT PÉRILLEUX
NOUS VOICI AU MOMENT CRUCIAL DU TRIPLE SAUT
LE MARTEAU-PIQUEUR DÉFONCE TRENTE CM DE BÉTON
HÉ! GARFIELD!
JIM DAVIS
POURQUOI NE FAIS-TU PAS RONRON COMME LES AUTRES CHATS?
TU MÉRITES MIEUX QUE CELA

GARFIELD, NOUS PARTONS AUJOURD'HUI POUR LA FERME!
BIEN. JE SERAI DEHORS...
À DÉGONFLER LES PNEUS DE L'AUTO
JIM DAVIS
7-10

BOZO! COMMENT VAS-TU?
NE M'APPELLE PAS BOZO!
NAVRÉ! HUM... QUEL ÉTAIT TON AUTRE SOBRIQUET?...
OH! SI! COMMENT VAS-TU GENCIVES D'IGUANE?
BOZO IRA
JIM DAVIS 7-11

C'EST PAISIBLE ICI
ÇA L'A TOUJOURS ÉTÉ ET LE SERA TOUJOURS. RIEN N'EST PRÉCIPITÉ ICI. NAN!
© 1989 United Feature Syndicate, Inc.
LES GARS! À TABLE!
JPM DAVPS 7-12

VOUS VOILÀ ACCOUDÉS À LA CLÔTURE, LES GARS
OUAIS, PAPA
JPM DAVPS
© 1989 United Feature Syndicate, Inc.
JE PEUX ME JOINDRE À VOUS?
OUAIS, PAPA
7-13
VOUS DEVEZ MAIGRIR, LES GARS
OUAIS, PAPA

GARFIELD, VOICI UN PORC
ILS SERVENT À L'ALIMENTATION
JE SAIS CELA
VOUS FAITES LA CHASSE AUX TRUFFES, NON?
JIM DAVIS
7-14

REGARDE CES PORCS, GARFIELD
ILS NE FONT QUE DORMIR ET MANGER
SORS DE LÀ!
GROÏNK! DIS-JE
JIM DAVIS
7-15

Garfield
PERMETTEZ QUE JE COUVE POUR VOUS, MADAME!
HÉ! ODIE! QUI VA CHEZ LE VET AUJOURD'HUI?
JIM DAVIS
7-16
PAUVRE ODIE
L'UN DE MES ONCLES S'EST RENDU CHEZ LE VET...
ON LUI A RETIRÉ LE CERVEAU POUR LE REMPLACER PAR CELUI D'UNE POULE
IL A PASSÉ LE RESTE DE SA VIE À BRAQUER LES ÉPICERIES POUR S'ASSEOIR SUR LES ŒUFS
ALLONS-Y GARFIELD
MOI?
© 1989 United Feature Syndicate, Inc.
T'AS COMPRIS
UNE MINUTE, QUE JE LISSE MES PLUMES

J'AI RÉUSSI!
JIM DAVIS
J'AI UN PAIN ENTIER DANS LA BOUCHE!
FÉLICITATIONS GARFIELD!
7-17

Z
JIM DAVIS
Z
BONG!
Z
7-18

AINSI, TU PARS OBSERVER LES OISEAUX...
7-19
MUNI DU GUIDE, DES JUMELLES ET DE LA POÊLE À FRIRE. AMUSE-TOI BIEN!
© 1989 United Feature Syndicate, Inc.
LA POÊLE À FRIRE?
JE TE GARDERAI UN PILON
JIM DAVIS

JIM DAVIS
© 1989 United Feature Syndicate, Inc.
LE GOÛTER EST SERVI!
PAS TOUCHE SINON JE PERDRAI LA PAGE!
7-20

Z
ET SI UN JOUR LE BUTOIR DE PORTE SE RÉVOLTAIT?
7-21
JIM DAVIS

À CEUX QUI S'INTERROGENT, JE DORS D'UN ŒIL
JIM DAVIS
7-22

GARFIELD
JE REMBOURSERAI MARDI LE HAMBURGER QUE VOUS M'OFFRIREZ AUJOURD'HUI
JIM DAVIS
7-23
© 1989 United Feature Syndicate, Inc.
CABINE
BIP BIP BOP
BIP
HELLO!
OUILLE!
ÇA VAUT VRAIMENT LE COÛT!

VOYONS VOIR LES PRÉDICTIONS POUR AUJOURD'HUI...
7-24
© 1989 United Feature Syndicate, Inc.
"TON MIELLEUX AVEC COQUETTERIE OCCASIONNELLE"?
QU'EST-CE QUE ÇA VEUT DIRE?
JIM DAVIS

VOICI NERMAL, LA PLUS JOLIE CHATTE AU MONDE!
EN PERSONNE
DIS-MOI... COMMENT FAIS-TU... POUR... EUH... POUR...
DEMEURER LA MÊME ALORS QUE TU AS BOUFFI COMME UN MELON VIEUX DE DEUX ANS?
© 1989 United Feature Syndicate, Inc.
ARRRGH
EN LES ASSOMMANT BIEN FORT, ON SE MÉNAGE UN TEMPS RAISONNABLE POUR LA FUITE!
JIM DAVIS
7-25

CIEL! CE QUE J'AIMERAIS POSER POUR UN CALENDRIER!
7-26
CELA PEUT S'ARRANGER
C'EST VRAI?
© 1989 United Feature Syndicate, Inc.
JIM DAVIS

JIM DAVIS
© 1989 United Feature Syndicate, Inc.
ALORS, ÇA VA?
JE NE MAÎTRISE PAS ENCORE LA TECHNIQUE
7-27

DÉPRIMÉ PAR TES RIDES, GARFIELD?
JIM DAVIS
SACHE QUE LES RIDES SONT LES TRACES DE CHACUN DE TES SOURIRES PASSÉS
© 1989 United Feature Syndicate, Inc.
LE RIRE A TENU UNE GRANDE PLACE DANS TA VIE
OH! LA FERME!
7-28

Z
© 1989 United Feature Syndicate, Inc.
TCHAC
ZINNNG!
PARTIE SANS DIRE BONJOUR!
JIM DAVIS
7-29

GARFIELD
CES GALETTES DE RIZ SONT NUTRITIVES ET SANS MATIÈRES GRASSES
TOUCHÉ! LES MOTS MAGIQUES QUI ME COUPENT L'APPÉTIT!
PFFT!
ODIE! HÉ! ODIE!
JE NE PEUX REDESCENDRE! VA CHERCHER DU SECOURS!
7-30
QUEL CHIC TYPE!
NON, MAIS...?
UNE BOULE DE BOWLING? POUR QUOI FAIRE?
© 1989 United Feature Syndicate, Inc.
CRAC!
JE HAIS LES CHIENS
JIM DAVIS

JE CROIS QUE LE PLAN SUPÉRIEUR DES CHOSES NOUS ÉCHAPPE...
© 1989 United Feature Syndicate, Inc.
UN SOIXANTE-QUATRIÈME DE CM DEPUIS HIER SOIR, GARFIELD!
FÉLICITATIONS, JON!
SES ONGLES D'ORTEILS POUSSENT À UN RYTHME D'ENFER!
JPM DAVPS
7-31

GARFIELD, JE NE PEUX PLUS TE FLATTER. J'AI DES CRAMPES AUX MAINS
BON
POUF!
© 1989 United Feature Syndicate, Inc.
JPM DAVPS 8-1

J'ADORE LA GRANDE CUISINE, GARFIELD!
SI CA NE GROUILLE PAS, J'EN MANGE!
8-2
© 1989 United Feature Syndicate, Inc.
J'EXERCE MA CRÉATIVITÉ
SI ÇA GROUILLE UN PEU, J'EN MANGE!
JE NE PARVIENS PAS À INSÉRER LE FOIE DANS LE PARIS-BREST
TANT PIS! SI JE PEUX L'ATTRAPER, JE L'AVALERAI!
JIM DAVIS

J'APPRÉCIE L'HUMOUR SUBTIL
VA CHERCHER, ODIE!
© 1989 United Feature Syndicate, Inc.
BONG!
PAR EXEMPLE, VOIR UN CHIEN FONCER DANS UN MUR
JIM DAVIS
8-3

GARFIELD, CROIS-TU QUE JE SUIS OBÈSE?
NE SOIS PAS RIDICULE
IL ME FALLAIT UN REMONTANT
JIM DAVIS
8-4

BIENVENUE À TOUS LES MANGEURS INVÉTÉRÉS
LA PREMIÈRE RÈGLE DE L'ÉTIQUETTE À TABLE...
NE JAMAIS POSER LE PIED SUR LA PIZZA CHAUDE
JIM DAVIS
8-5

GARFIELD
LE PLAISIR QU'ON TROUVE À PARTAGER!
ZUT!
PAS UNE POSITION QUI SOIT CONFORTABLE
JE DOIS TROUVER LA BONNE POSITION, SINON JE NE DORMIRAI PAS
JIM DAVIS
8-6
VOYONS VOIR... SI JE SOULÈVE MA JAMBE ET MON BRAS DROITS, QUE JE PENCHE LA TÊTE EN ARRIÈRE ET QUE MA QUEUE SOIT EN ÉQUILIBRE...
Z
JE PRÉFÈRE NE PAS SAVOIR
© 1989 United Feature Syndicate, Inc.

NOM D'UN CHIEN!...
UNE MEZZANINE!
JIM DAVIS
8-7

CE N'EST PAS DÉJÀ LE MOMENT DE NETTOYER LE FRIGO!
LA VIANDE HACHÉE EST VERTE
JIM DAVIS
8-8
IL N'Y A PAS SI LONGTEMPS QUE CES RESTES SONT LÀ
IL Y A DES POILS SUR LA SOUPE AUX POIS
ÇA NE PEUT PAS FAIRE SI LONGTEMPS
J'AI TROUVÉ UN FOSSILE DANS LE PUDDING

ALLONS, GARFIELD! UN PEU DE GYMNASTIQUE RYTHMIQUE
J'AI LA MUSIQUE EN MOI
ALLONS, GARFIELD!
J'AI UNE HERNIE EN MOI
JIM DAVIS
8-9

J'AI TRÉBUCHÉ SUR TON LIT, QUI S'EST BRISÉ. JE LE RÉPARE DEMAIN
JIM DAVIS
8-10
JE LE RÉPARE AUJOURD'HUI
QUAND TU VEUX

QUE DIS-TU DE CETTE CRAVATE?
EUH... JE...
JIM DAVIS 8-11
© 1989 United Feature Syndicate, Inc.
RENDEZ-VOUS! LA MAISON EST ENTOURÉE!
OH NON! L'ESCOUADE ANTI-ZOUAVE!
LANCEZ VOTRE CRAVATE!

BIEN FAIT, ODIE! JE SUIS DEDANS, TOI DEHORS, ET TU NE PEUX ENTRER!
JIM DAVIS
SLURP!
8-12
© 1989 United Feature Syndicate, Inc.
JE ME DISAIS, CETTE VITRE EST TROP PROPRE

Garfield
MANGER OU NE PAS MANGER? LA QUESTION NE SE POSE PAS. IL EST PLUS NOBLE DE VIDER L'ASSIETTE AFIN DE MIEUX LA REMPLIR
© 1989 United Feature Syndicate, Inc.
JPM DAV95
8-13

QUEL TRISTE JOUR QU'UN LUNDI!
GARFIELD, NOUS PARTONS EN CAMPING!
LA MORT LENTE PLUTÔT QUE LE CAMPING!
JIM DAVIS 8-14

BELLE JOURNÉE POUR SE RENDRE À LA CAMPAGNE, NON?
NOUS DEVRIONS FAIRE PLUS DE CHOSES EN FAMILLE
BONNE IDÉE! PARTAGEONS UN PUISSANT VOMITIF!
JIM DAVIS 8-15

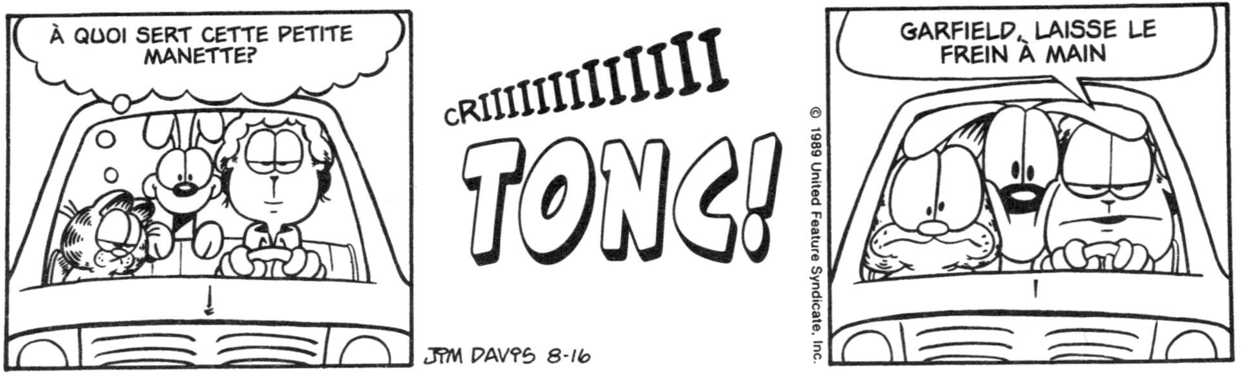
À QUOI SERT CETTE PETITE MANETTE?
CRIIIIIIIIIIIII
TONC!
JIM DAVIS 8-16
GARFIELD, LAISSE LE FREIN À MAIN

NOUS NE CASSERONS PAS LA CROÛTE, LES GARS
PAS UN RESTOROUTE EN VUE!
AÏE!
JE SUIS AUX COMMANDES DÉSORMAIS!
JIM DAVIS 8-17

J'AI LE SENTIMENT QUE RIEN NE VIENDRA GÂTER CE WEEK-END EN CAMPING
BOUM!
BRAVO! TU VIENS D'ÉCRASER UNE VACHE!
© 1989 United Feature Syndicate, Inc.
JIM DAVIS 8-18

SORTONS NOUS ÉTIRER ET PRENDRE UNE BOUFFÉE D'AIR FRAIS!
FAIS UN EFFORT
LAISSE LES CLÉS QUE J'ÉCOUTE LA RADIO!
© 1989 United Feature Syndicate, Inc.
JIM DAVIS 8-19

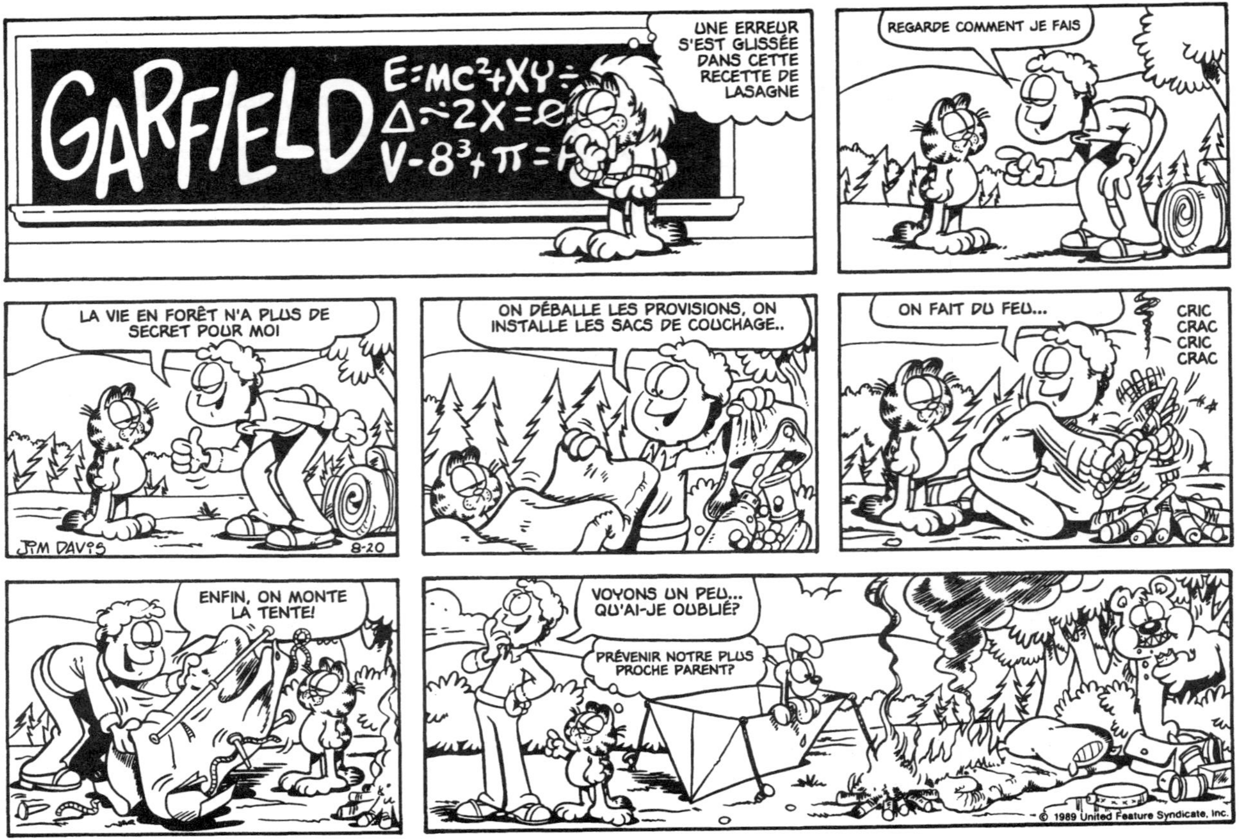
GARFIELD
E=MC²+XY÷
Δ≈2X=e
V-8³+π=
UNE ERREUR S'EST GLISSÉE DANS CETTE RECETTE DE LASAGNE
REGARDE COMMENT JE FAIS
LA VIE EN FORÊT N'A PLUS DE SECRET POUR MOI
JIM DAVIS
8-20
ON DÉBALLE LES PROVISIONS, ON INSTALLE LES SACS DE COUCHAGE..
ON FAIT DU FEU...
CRIC
CRAC
CRIC
CRAC
ENFIN, ON MONTE LA TENTE!
VOYONS UN PEU... QU'AI-JE OUBLIÉ?
PRÉVENIR NOTRE PLUS PROCHE PARENT?
© 1989 United Feature Syndicate, Inc.

ENFIN INSTALLÉS! ET TOUT EST IMPEC!
PAS D'ACCORD!
JIM DAVIS 8-21
LA TENTE EST IMPEC, LE POINT DE VUE EST IMPEC, TOUT EST IMPEC!
RIEN N'EST ENCORE IMPEC
© 1989 United Feature Syndicate, Inc.
MAINTENANT, C'EST IMPEC!

LA PLUIE FINIRA PAR CESSER, GARFIELD. AYONS LE SENS DE L'HUMOUR...
JE SUIS TREMPÉ AUX OS
JIM DAVIS
8-22
AÏE!
© 1989 United Feature Syndicate, Inc.
QUI A MIS UNE SANGSUE DANS MON HAVRESAC?
DIS JON, OÙ EST TON SENS DE L'HUMOUR?

EUH... GARFIELD, LES PROVISIONS SONT DANS L'AUTO
QU'ESSAIES-TU DE ME DIRE, JON?
JIM DAVIS
VA LES CHERCHER VEUX-TU?
BON, D'ACCORD!
8-23
© 1989 United Feature Syndicate, Inc.

LES BÛCHES SERONT TREMPÉES, GARFIELD. VA LES CHERCHER!
NAN!
JIM DAVIS
VA LES CHERCHER, J'AI DIT!
D'ACCORD, D'ACCORD!
8-24
© 1989 United Feature Syndicate, Inc.
TON BOIS À BRÛLER, MON MAÎTRE
HOUP!

VA VOIR S'IL PLEUT ENCORE, GARFIELD
SI, SAHIB!
BONNE NOUVELLE! IL NE PLEUT PLUS!
IL NEIGE!
8-25
JIM DAVIS
© 1989 United Feature Syndicate, Inc.

HÉ! LA PLUIE A CESSÉ!
JIM DAVIS 8-26
ALLONS NOUS BALADER!
VOIS CE QUI SURVIENT QUAND IL N'Y A PAS DE TROTTOIR!
© 1989 United Feature Syndicate, Inc.

GARFIELD
NOUS VOICI À LA BELLE ÉTOILE, LOIN DE LA VILLE, DES AUTOS, DU STRESS
DU FRIGO, DU MICRO-ONDES, DE LA TÉLÉ ET DE LA LITIÈRE PARFUMÉE
BRRRRR
© 1989 United Feature Syndicate, Inc.
T'ENTENDS ODIE! ON DIRAIT UN OURS!
JIM DAVIS
FILONS VITE DE LÀ!
OUF! NOUS SOMMES SAINS ET SAUFS!
NOUS AURIONS DÛ PRÉVENIR JON
Z
SNIF SNIF SNIF
8-27

J'AI PEINE À LE CROIRE. DEUX SEMAINES AVEC JON ET ODIE DANS CE BLED PERDU
8-28
SI JE NE RENCONTRE PAS BIENTÔT QUELQU'UN D'INTÉRESSANT, JE VIRE FOU!
ALORS, MADAME LA ROCHE, QUELLES NOUVELLES?
JIM DAVIS
© 1989 United Feature Syndicate, Inc.

VA VOIR S'IL Y A DES OURS, GARFIELD
POURQUOI PAS?
8-29
JIM DAVIS
NON... PAS D'OURS DANS LES PARAGES...
SEULEMENT DES PUMAS!
© 1989 United Feature Syndicate, Inc.

HÉ ODIE! GOÛTE À CETTE GUIMAUVE GRILLÉE!
JIM DAVIS
SLURP!
© 1989 United Feature Syndicate, Inc.
JE HAIS VRAIMENT LE PLEIN AIR!
8-30

NOUS NOUS SOMMES AMUSÉS MÊME S'IL A PLU PENDANT DEUX SEMAINES, NON?
JIM DAVIS 8-31
© 1989 United Feature Syndicate, Inc.
SPLASH!
JE L'AVOUE, J'AI OUBLIÉ DE REMONTER LA VITRE...

SAVEZ-VOUS DE QUOI J'AI ENVIE APRÈS DEUX SEMAINES EN CAMPING?
© 1989 United Feature Syndicate, Inc.
D'UNE DOUCHE BIEN CHAUDE
JIM DAVIS 9-1
SI JE ME FIE À L'ODEUR, VOUS DEVRIEZ EN PRENDRE UNE VOUS AUSSI!

AMUSANT LE CAMPING, NON?
JIM DAVIS
9-2
SI SEULEMENT NOUS POUVIONS CAMPER UN SOIR DE PLUS!
CELA PEUT S'ARRANGER...
© 1989 United Feature Syndicate, Inc.
CLIC
À DEMAIN!

GARFIELD
... J'AI DES TAS D'ANECDOTES SUR MON CHIENCHIEN
LA FÊTE VIENT DE PRENDRE FIN
HIP HIP!
HOURRA!
FAISONS LA BAMBOULA!
YÉ YÉ!
JE HAIS LES PUCES
YA-OU!
CET INSECTICIDE M'EN DÉBARRASSERA
FLÛTE!
SAUVONS-NOUS LES GARS!
POUCH!
AÏE! HEU! HEU!
SAM EST ATTEINT!
SAM, DIS QUELQUE CHOSE!
ATCHOUM... COUIC... RAPPROCHEZ-VOUS... J'AI UNE CHOSE À VOUS DIRE... ATCHOUM!
QU'EST-CE QUE C'EST, SAM?
FAISONS LA BAMBOULA!
YI-HA!
CE MACHIN NE VAUT RIEN
© 1989 United Feature Syndicate, Inc.
JIM DAVIS
9-3

C'EST L'HEURE DE LA GYMNASTIQUE! COMMENÇONS PAR SOULEVER LA JAMBE... PRÊTS? ALLONS-Y!
ET UN ET DEUX ET...
CLIC
DEUX!
9-4
JIM DAVIS
© 1989 United Feature Syndicate, Inc.

AU SECOURS!
JE SUIS POURSUIVI PAR UN SERPENT À FOURRURE!
JE NE VOIS QUE TA QUEUE, GARFIELD
MA QUEUE? TIENS DONC!
JIM DAVIS
9-5
© 1989 United Feature Syndicate, Inc.

JE NE VOIS PLUS RIEN! AIDEZ-MOI!
JIM DAVIS
9-6
LA COUVERTURE TE COUVRE LES YEUX, GARFIELD
© 1989 United Feature Syndicate, Inc.
JE LE SAVAIS
PARFOIS, CE PETIT M'INQUIÈTE

JON M'A FIXÉ UNE CLOCHE AU COU
IL ESTIME QUE JE NE POURRAI PLUS CHASSER LES OISEAUX
© 1989 United Feature Syndicate, Inc.
IL A PROBABLE-MENT RAISON
9-7
JIM DAVIS

ICI L'ART REJOINT LA VIE
JIM DAVIS
© 1989 United Feature Syndicate, Inc.
VOILÀ!
9-8
CELA S'INTITULE : "TRACES D'ÉCUREUIL S'ÉCHAPPANT D'UN PLAT À LASAGNE VIDE"

CINQ HEURES DU MAT, GARFIELD. LA BELLE HEURE POUR JOGGER!
© 1989 United Feature Syndicate, Inc.
EUF
Z
JE SAVAIS QUE CE PROJET INSENSÉ NE LÈVERAIT PAS
JIM DAVIS
9-9

GARFIELD
POURQUOI FAIRE UN RÉGIME? IL FAUT PLUTÔT S'ATTAQUER À LA GRAVITÉ?
C'EST DÉCIDÉ GARFIELD, JE M'EN DÉBARRASSE!
BRAVO! VAS-Y MON GARS!
CLIC
ADIEU À JAMAIS!
© 1989 United Feature Syndicate, Inc.
HÉ! NON MAIS, DITES DONC?... QU'EST-CE QUE... HO-LÀ! NOM D'UN CHIEN!...
OUAHHHH! OUF!
BING!
BONG
PIF
PAF
OUAHHHH! OUILLE! AÏE! AÏE! AÏE!
BING
BONG
PIF
PIF
JIM DAVIS 9-10
DANS LEUR VIEIL ÂGE, LES RESTES SONT REDOUTABLES

EUF... UN LUNDI
ENNUYEUX COMME LA PLUIE ET IL PLEUT DES CORDES
QU'IMAGINER DE PIRE?
UNE BANDE DE MOTARDS S'AMÈNE CHEZ NOUS
JIM DAVIS
9-11

AUJOURD'HUI, SERAI-JE MÉCHANT OU PARESSEUX?...
PEUT-ÊTRE UN HEUREUX MÉLANGE DES DEUX...
JE RESTE LÀ ET JE MORDS QUICONQUE TRÉBUCHE SUR MOI
JIM DAVIS
9-12

C'EST LE JOUR LE PLUS ENNUYEUX...
LA SITUATION NE PEUT EMPIRER DAVANTAGE
AVONS-NOUS D'AUTRES TIMBRES QUELQUE PART?
EURÊKA!
JIM DAVIS
9-13
© 1989 United Feature Syndicate, Inc.

GARFIELD, IL FAIT CHAUD ET HUMIDE AUJOURD'HUI. LES CONDITIONS SONT IDÉALES. ALLONS-Y!
JE M'INSTALLE AUX PREMIÈRES LOGES
SILENCE, JE VOUS PRIE. NOUS REGARDONS LE LINOLÉUM SE DÉCOLLER
JIM DAVIS
9-14
© 1989 United Feature Syndicate, Inc.

VOULEZ-VOUS RELEVER UN REPAS TERNE?
RFIELD
JIM DAVIS
9-15
VIDEZ VOTRE BOL SUR LA TABLE...
ET SAUTEZ À PIEDS JOINTS!
WHAM! WHAM! WHAM!
TU ES SURMENÉ, GARFIELD

LES GENS FONT PLACE AU CHANGEMENT QUAND IL EN ONT RAS-LE-BOL
JIM DAVIS
9-16
PRENEZ JON, PAR EXEMPLE!
ÇA LUI APPRENDRA À FAIRE UN SOMME

GARFIELD
LES ENFANTS, NE FAITES PAS CELA!
EUF
JE M'ENNUIE. JE DOIS DONNER UN SENS À MA VIE
PFFT
© 1989 United Feature Syndicate, Inc.
PFFT
PUIS-JE ESSAYER?
TROUVE-TOI UNE PLUME!
JIM DAVIS
9-17

JE ME DEMANDE QUELLE HEURE IL EST
HUM....
C'EST L'HEURE DU PETIT-DÉJEUNER!
JIM DAVIS
9-18
© 1989 United Feature Syndicate, Inc.

ZUT! LA TÉLÉCOM-MANDE POUR LA PORTE DU GARAGE!
WHAM!
JIM DAVIS
CLIC
© 1989 United Feature Syndicate, Inc.
9-19

CETTE BOÎTE T'APPARTIENT-ELLE?
OUAIS
JIM DAVIS
ELLE EST PLEINE DE CASQUETTES DE FACTEUR!
JE LES COLLECTIONNE
9-20
OÙ SONT LES FACTEURS?
ILS SE SONT ENFUIS!

NOTRE EXPÉRIENCE CHERCHE À DÉCOUVRIR SI LES CHIENS ATTERRISSENT SUR LEURS PATTES
JIM DAVIS
BLOUNG
9-21

JE N'AIME PAS MANGER AU LIT
IL DOIT Y AVOIR UN FACTEUR PSYCHOLOGIQUE EXPLIQUANT CELA...
OU PEUT-ÊTRE EST-CE PARCE QUE JE SUIS COUCHÉ SUR MA FOURCHETTE?
GARFIELD
© 1989 United Feature Syndicate, Inc.
JIM DAVIS
9-22

PARFOIS, J'AIME ME LEVER TÔT ET ACCOMPLIR MES BESOGNES
AARRRGGH!
COMME DE POSER LE BAC À LITIÈRE À CÔTÉ DU LIT DE JON
© 1989 United Feature Syndicate, Inc.
JIM DAVIS
9-23

GARFIELD®
MON ESPRIT ME COMMANDE DE ME GROUILLER, PUIS MON CORPS S'ESCLAFFE DE RIRE
ICI, ODIE!
ODIE A UNE CARACTÉRISTIQUE BIEN PARTICULIÈRE...
PROUF!
© 1989 United Feature Syndicate, Inc.
CE N'EST PAS ÇA
PROUF!
9-24
ÇA, C'EST PARTICULIER!
JIM DAVIS

TIENS! ON DIRAIT QUE TU AS AVALÉ TA LANGUE CE MATIN!
JUSTEMENT, JE N'AI RIEN AVALÉ POUR CAUSE DE RÉGIME!
JE CROYAIS QUE LES RONDOUILLARDS ÉTAIENT DES GENS JOVIAUX
ILS SOURIENT DE N'ÊTRE PAS AU RÉGIME
ALLONS! SOURIS!
PUISQUE TU INSISTES!
JIM DAVIS
9-25
© 1989 United Feature Syndicate, Inc.

EN VERTU DU RÉGIME, JE N'AI DROIT QU'À UN BÂTONNET DE CAROTTE
JON PRÉTEND QU'UN RÉGIME PEUT ÊTRE SOURCE D'AGRÉMENT...
À MOINS QUE CETTE CHOSE NE DANSE LE MAMBO, JE RISQUE D'ÊTRE DÉÇU!
JIM DAVIS
9-26
© 1989 United Feature Syndicate, Inc.

LORSQUE VOUS APPRÊTEZ UN POULET, FAITES EN SORTE...
JPM DAVPS
© 1989 United Feature Syndicate, Inc.
... DE DIMINUER LE GASPILLAGE
9-27
CES BECS FERONT DE JOLIS RONDS DE SERVIETTES
COMME COUPE-FAIM, ON NE FAIT PAS MIEUX!

ALORS GARFIELD, OÙ EN EST CE RÉGIME?
EUH... BIEN
JPM DAVPS
© 1989 United Feature Syndicate, Inc.
JE SUIS FIER DE TOI
OUAIS, MERCI!
EUH... QUE FAIS-TU LÀ?
JE LÈCHE LA GRILLE DU FOUR
9-28